AF509381

POUR MA MÈRE!

DRAME-VAUDEVILLE EN UN ACTE.

PAR MM. COGNIARD FRÈRES ET TH. MURET.

REPRÉSENTÉ POUR LA PREMIÈRE FOIS, A PARIS, SUR LE THÉATRE DES FOLIES-DRAMATIQUES, LE 15 MARS 1837.

Je lui ai dit combien je t'aim... je vous aimais. (SCÈNE IV.)

PARIS,

NOBIS, ÉDITEUR, RUE DU CAIRE, N° 5.

—

1837.

Personnages		Acteurs.
CYPRIEN LEBLANC, jeune soldat	MM.	J. JUTEAU.
BONAVENTURE, paysan.		BLUM.
FARGEAU, ancien militaire		PATONELLE.
LA MÈRE LEBLANC, mère de Cyprien	Mmes	DELILLE
CLAIRE, filleule de la mère Leblanc, et nièce de Fargeau		A. AMANT.
PAYSANS et PAYSANNES.		

La scène se passe dans un village, chez la mère Leblanc.

Imp. J.-R. MEVREL, pass. du Caire, 54.

POUR MA MÈRE !

DRAME-VAUDEVILLE EN UN ACTE.

Le théâtre représente un intérieur de chaumière, ouvrant sur le fond.

SCÈNE I.

BONAVENTURE[1], seul.

(Il entr'ouvre la porte du fond et regarde à droite et à gauche avant d'entrer.)

Personne!.. entrons! Je viens de chez mamselle Claire où c'qu'on m'a répondu qu'elle n'était point cheux elle. Pour lors, voilà le raisonnement que je me suis fait dans mon intelligence : Puisque mamselle Claire n'est point cheux elle, c'est qu'elle est sortie; puisqu'elle est sortie, c'est qu'elle est autre part... et cet' autre part... je gagerais quinze sous que c'est ici, chez sa marraine, la mère Leblanc... femme d'âge fort ennuyeuse, malgré ses cheveux gris, et ses vieilles douleurs; et je sais bien ce qui attire Claire chez sa marraine. Il y a trois mois, quand Cyprien, l'fils à la mère Leblanc, est parti pour l'armée, ayant eu le bonheur de tirer le numéro deux, je m'étais dit : « Bonaventure, mon garçon, ça ira bien pour toi, v'la ton rival qui défile... Depuis un an que tu fais la cour à Claire, t'as pas encore pu obtenir de c'te jeunesse une tendre réciprocité!.. mais, dès qu'il n'y aura plus que toi auprès d'elle, t'aura tout l'avantage de la comparaison... » Et, de fait, il était bon mon raisonnement... ça allait déjà pas mal bien... mamselle Claire prêtait l'oreille à mes soupirs, et s'émouvait de mes œuillades assassines. Il est vrai de dire que je l'éreintais d'œuillades... enfin, c'était en bon chemin... quand, il y aura après demain huit jours, v'la le jeune guerrier qui s'en a revenu, tout exprès pour culbuter mes projets d'amour; et voilà que Claire ne me regarde plus que comme un colimaçon. Aussi, il faut que je la voie, qu'elle s'explique à mon égard, et que je sache sur quoi danser.... Ah! la voici.... Elle est encore plus fraîche qu'hier... la perfide embellit à vue...   (Il se retire au fond.)

SCÈNE II.

CLAIRE, BONAVENTURE.

CLAIRE, sans voir Bonaventure.

Là!.. le fauteuil de la mère Leblanc... (Elle roule le fauteuil.) Maintenant... cet escabeau pour poser ses pieds...

BONAVENTURE, à part.

Et dire qu'on ne peut pas se passer de ces créatures-là... enfin... (Il tousse) Hum!.. hum!

CLAIRE.

Ah! c'est vous, monsieur Bonaventure ?

BONAVENTURE.

Oui, mamselle... oui, c'est lui... Bonaventure Bloquet.... que l'amour a éveillé dès avant tous les coqs de sa basse-cour.

CLAIRE.

Pardon, M. Bonaventure... il faut que j'aille voir si la mère Leblanc...
(Elle se dispose à sortir.)

BONAVENTURE, l'arrêtant.

Un instant, s'il vous plaît... O Claire... ne me fuyez pas... Depuis quelque temps, ô Claire, vous me traitez bien fadement, vous me dépitez par votre insouciance... ô Claire, vous me dépitez.

CLAIRE.

Je ne vous comprends pas, M. Bonaventure, je suis toujours la même avec vous.

BONAVENTURE.

La même? Oh! que non!.. car avant le retour de quelqu'un, dont je tairai le nom, de M. Cyprien... vous ne regardiez pas en l'air quand je passais, vous n'étiez pas sourde et muette, comme à c'theure... enfin, depuis une huitaine, vous êtes changée des pieds à la tête.

CLAIRE.

Mais après tout; qu'est-ce que ça signifie, monsieur? où voulez-vous en
venir?

BONAVENTURE.

Je veux en venir que depuis que ce quelqu'un, que je ne nommerai
pas, M. Cyprien, est de retour dans le pays... je me dessèche, j'oublie de
manger, je me ruine l'estomac... je veux en venir, ô Claire, que je me ronge
les flancs de jalousie.

CLAIRE.

De jalousie !

BONAVENTURE.

Oui, oui, car je suis jaloux comme les plus grands jaloux qu'on vous a
racontés dans les histoires... et ce qui me rend comme ça, c'est votre Cyprien... le mot est lâché, tant pis, je nomme les masques ! Et c'est à cause
de lui, et pas à cause de la maladie de votre marraine, que vous ne bougez
plus d'ici. Il avait ben besoin de revenir de son régiment, celui-là ! et ça...
justement quand ses camarades vont se mettre en campagne ! Le moment est drôlement choisi tout de même ! Dieu de Dieu ! si j'étais soldat,
est-ce que je voudrais jamais quitter mon drapeau, mon vieux drapeau?..
mais, avec lui, ça ne fait pas un pli.... il plante là son étendard, au lieu
d'aller cueillir de la gloire, il reste ici à cueillir des fraises... et ça se dit
Français!... Allons donc, c'est de la poltronnerie.

CLAIRE.

Pouvez-vous bien l'accuser de manquer de courage !... n'a-t-il pas donné
assez de preuves du contraire? Toutes les fois qu'il y a eu dans le pays une
inondation, un incendie, ne l'a-t-on pas toujours vu le premier au lieu
du danger ?

BONAVENTURE.

Eh bien ! et moi donc ? est-ce que je n'ai pas fait mes preuves aussi ?..
quand la grange à Pierre Coliquet a brûlé... il y aura de ça un an aux
châtaignes... Qui est-ce qui a couru le premier à la ville, pour ramener
les pompiers ?.. C'est moi, Bonaventure !

CLAIRE.

C'est vilain à vous de dire du mal de Cyprien... sa présence ici prouve
la bonté de son cœur, et pas autre chose. A peine était-il parti pour l'armée, qu'il apprend que sa pauvre mère est tombée malade... Cyprien
était son seul soutien depuis son veuvage, car son fils aîné, qui a profité
de l'exemption de la loi, est bien loin d'ici, et incapable de soigner sa
mère... Cyprien, la sachant en danger n'a pas pu y tenir... il a cherché et
trouvé des protecteurs qui lui ont fait obtenir son congé... il est accouru,
et sa présence a plus profité à la mère Leblanc que toutes les ordon-
nances de médecin.

BONAVENTURE.

C'est possible; mais ça ne m'a pas profité, à moi, car vous l'aimez, ce
Cyprien, vous l'aimez, ne me démentez pas!

CLAIRE.

Mais, monsieur, je n'ai nullement envie de vous démentir.

BONAVENTURE.

Oh! elle l'avoue ! Mais réfléchissez donc aux suites de cet amour.... O
Claire!.. Il ne possède rien, vot' Cyprien... rien de rien... il n'a ni sou ni
maille... c'est un vrai rat d'église... Au lieur que moi, j'ai du foin dans mes
guêtres, et de plus, je possède un moulin... Ah ! mais... non pas un roquet
de moulin à vent... un de ces misérables moulins qui se croisent les bras
drès qu'il ne fait point d'air... mais ben, un bon gros moulin à eau, garni
de tous ses accessoires... sur une rivière où il y a de l'eau dans toutes les
saisons!.. et de la bonne eau... qui fait de la bonne farine... que je mets
dans de bons sacs, et qui me procure de bons écus.

AIR : Au moulin de ma tante. RONDE D'A. J. BEAUPLAN.

Consentez, ah ! ma chère,
A devenir ma meunière,
Et passons tous nos jours
Dans ce moulin des amours.

On y rit, on y joue,
Tous les jours de l'almanach.

Au doux bruit de la roue,
Le cœur fait tic, toc, tic, tac,
Tic, toc, tic, tac,
Tic, toc, tic, tac,

Consentez, ah ! ma chère, etc.

Je suis d'humeur badine,
Je n' vous dirai qu' des douceurs,
Au milieu d' ma farine,
Je n' vous f'rai jamais d' noirceurs !
Tic, toc, etc.

Consentez, etc.

Les meûniers infidèles
Sont ceux des moulins à vent,
Mon moulin n'a point d'ailes,
Et j' suis son portrait vivant.
Tic, tac, etc.

Consentez, etc.

CLAIRE.
Malgré tout ce que vous dites, votre moulin ne me séduit pas.
BONAVENTURE.
Bon... bon... mais votre oncle Fargeau... le père Fargeau, qui est un an-
cien militaire, et qui a servi, sentira mieux que vous tous mes avantages
de propriétaire... toutes mes qualités intrinsèques... et il vous fera entendre
raison... depuis dix jours il est à la foire, à vendre ses bêtes à cornes,
mais drès qu'il sera de retour, je lui parlerai.
CLAIRE.
Mon oncle Fargeau ne disposera jamais de ma main sans mon consen-
tement.
BONAVENTURE.
Oh !.. faudra voir !.. c'est un brave homme, qui saura apprécier mes
vertus... et mon moulin à eau... (à part) Je ne suis pas méchant, mais si
je pouvais jouer un tour à Cyprien... ça ne serait pas d'refus... Oh ! le
v'là !..

SCENE III.
CLAIRE, LA MÈRE LEBLANC, CYPRIEN, BONAVENTURE.
(Cyprien est en tenue d'infanterie ; il entre en soutenant la mère Leblanc.)

Air : Quand on est fille. (CHEVAL DE BRONZE.)

CYPRIEN.
Ma bonne mère
Appuyez-vous bien sur moi.
LA MÈRE LEBLANC.
Bientôt, j'espère,
N'avoir plus besoin de toi.
CYPRIEN, la faisant asseoir.
Ah ! pour nous quel heureux jour
Puisqu'enfin dans ce séjour
Revient avec la gaîté
La santé !
LA MÈRE LEBLANC.
Plus de souffrance, de tourment,
Que puis-je craindre à présent.
Je suis près de mon enfant !
CYPRIEN, montrant Claire.
Ma mère, de votre amitié
Elle mérite la moitié,
Pour vous soigner nous étions deux
BONAVENTURE.
S' font-ils des yeux amoureux !

REPRISE DE L'ENSEMBLE.

<table>
<tr><td>LA MÈRE LEBLANC.
Heureuse mère!
J'ai mon enfant pour soutien,
Bientôt, j'espère,
Je serai tout-à-fait bien!</td><td>CLAIRE.
Pour une mère
Un fils est un bon soutien :
Bientôt, j'espère,
Vous serez tout-à-fait bien!</td></tr>
</table>

CYPRIEN.
Ma bonne mère
Je serai votre soutien,
Bientôt, j'espère ;
Vous serez tout-à-fait bien!

LA MÈRE LEBLANC.

Mon bon Cyprien !.. ma bonne Claire!..

BONAVENTURE.

Bonjour mère Leblanc...ça va donc mieux, mère Leblanc... Tant mieux... tant mieux, mère Leblanc.

LA MÈRE LEBLANC.

Mais oui, mon garçon, je me sens bien portante à c't heure... il n'y a que les forces qui ne reviennent pas vite...

CLAIRE.

C'est tout simple!.. voilà la première fois que vous sortez de votre chambre.

BONAVENTURE.

Et vous, M. Cyprien ?.. ça va bien aussi... tant mieux encore.. Dites donc, M. Cyprien, est-ce que vous n'allez pas bientôt retourner à votre régiment?

CYPRIEN, troublé.

Au régiment ?.. retourner au régiment...

BONAVENTURE.

Mais oui... je me disais à ce matin... le temps est beau... très-beau... c'est un fameux temps pour retourner au régiment... la route est magnifique... vous feriez de bien belles étapes au moins... ah! les belles étapes que vous feriez!..

LA MÈRE LEBLANC.

Partir !.. toi, Cyprien ?.. me quitter encore!.. non, grâce à Dieu... n'est-ce pas, mon ami ?..

CYPRIEN, vivement.

Oh! non... non... rassurez-vous, ma mère...

LA MÈRE LEBLANC.

A la bonne heure... car, vois-tu, s'il fallait te voir partir une seconde fois, je crois que j'en mourrais... c'est ta seule présence qui m'a rendue à la santé, à la vie... et encore, à présent, mon pauvre cœur se brise quand je me rappelle le jour de ton départ...

CLAIRE.

Mais puisqu'il a son congé, ma marraine, vous n'avez rien à redouter...

BONAVENTURE.

Eh ben! oui; mais son congé, c'est pas pour toujours... faut pas croire qu'on donne comme ça des congés définitifs.

CYPRIEN, vivement.

Et qui t'a dit que le mien n'était pas définitif?

BONAVENTURE.

Ah! s'il en est ainsi... c'est différent!.. (A part.) C'est bien impolitique de la part du gouvernement de donner des congés aussi facilement... ah! le gouvernement est bien blâmable!

LA MÈRE LEBLANC.

Tu ne m'as pas dit, mon bon Cyprien, comment tu avais fait pour obtenir une faveur aussi grande.

CYPRIEN, un peu embarrassé.

J'ai fait valoir des motifs... ma mère... votre maladie, d'abord... et puis... des amis, des protecteurs... que j'ai trouvés...

LA MÈRE LEBLANC.

Quels qu'ils soient... oh! je les bénirai toujours!

CLAIRE.

Et moi aussi!..

CYPRIEN.

Ma bonne Claire!

BONAVENTURE, à part.

Que le bon Dieu les bénisse ses protecteurs... mais faut pas avoir l'air...
(Haut.) Ma foi, je suis extrêmement satisfait de vous revoir au sein de votre chaumière, et de votre foyer domestique, M. Cyprien...

CYPRIEN.

En vérité?.. eh bien! je ne l'aurais pas cru.

BONAVENTURE.

Je dis vrai... avec ça que là-bas on va se remuer... il y aura des coups
de sabre à recevoir... vous êtes ben plus en sûreté ici... c'est prudent d'ê-
tre revenu... vous êtes prudent!.. (A part.) C'est amer, ce que je lui dis là,
c'est très amer... je joins la gouaille à l'ironique.

CLAIRE.

Ah! oui... il est bien mieux ici... (Bas à Cyprien.) Auprès de ceux qui l'ai-
ment et qui souffriraient loin de lui.

CYPRIEN.

Oui... oui... toujours auprès de vous, Claire... et auprès de ma mère...
toujours!

BONAVENTURE, à part.

Je dois être jaune... de mauvaise humeur... je fais un sang d'encre ici...
j'aime mieux m'en aller... (Haut.) Dites donc, je m'en vas...

CYPRIEN.

Bonjour...

BONAVENTURE.

Je vas donner un coup d'œil à mon beau moulin à eau... car j'ai un moulin, moi, M. Cyprien... à eau...

CYPRIEN.

Qu'est-ce que ça me fait!

BONAVENTURE.

Ah! ça peut faire beaucoup quand on veut se marier... par exemple...
ça peut influencer les parens... les papas... et les oncles... les oncles, surtout, ça fait attention à ça... (A part.) Allons guetter l'arrivée du père Fargeau... je suis un très beau parti... si le père Fargeau dit à sa nièce de
m'épouser... elle obéira... voilà mon raisonnement... (Haut.) Au revoir,
tout le monde... je retourne à mon beau moulin.

AIR du Serment.

Au revoir, bonjour,
A mon beau moulin, je retourne.
L'amour y séjourne,
Et je vais retrouver l'amour.

Au revoir bonjour, etc.
LES AUTRES.
Au revoir bonjour,
A son beau moulin, il retourne.
L'amour y séjourne,
Il s'en va retrouver l'amour.

ENSEMBLE.

SCÈNE IV.

LA MÈRE LEBLANC, CYPRIEN, CLAIRE.

CLAIRE.

Ce pauvre Bonaventure!.. est-il fier de son moulin!

CYPRIEN.

Il n'est pas de mes amis... je le vois bien... heureusement qu'il n'est pas
dangereux...

LA MÈRE LEBLANC.

Ouvre-moi la fenêtre, mon garçon... ce beau soleil fait plaisir à voir...
toi et lui vous êtes mes deux meilleurs médecins.

CYPRIEN, allant ouvrir la fenêtre.

Voilà, ma bonne mère...

LA MÈRE LEBLANC.

Demain, je veux sortir appuyée sur ton bras.

CLAIRE.

Et sur le mien aussi, ma marraine ?..

LA MÈRE LEBLANC.

Oui, ma petite... vois-tu, mon garçon, après ton départ, il m'a semblé
que ma vie était partie avec toi; et cette bonne Claire faisait tout ce qu'elle
pouvait pour te remplacer... elle était là, comme ma fille, et quand je pleu-
rais, en pensant que je ne te reverrais plus peut-être, elle pleurait avec
moi...

CYPRIEN.

Elle pleurait !..

LA MÈRE LEBLANC.

Oui, car elle t'aime comme un frère.

CYPRIEN, à demi-voix à Claire.

Seulement comme un frère?

CLAIRE.

Ce n'est donc pas assez ?..

LA MÈRE LEBLANC.

Eh! eh! les jeunes gens sont si difficiles à contenter.

CYPRIEN, prenant la main de Claire.

Claire! si tu savais combien j'ai pensé à toi !..

CLAIRE.

Votre mère nous voit, prenez garde.

LA MÈRE LEBLANC qui prêtait l'oreille, à part.

Ces pauvres enfans! ils n'osent pas s'aimer devant moi... il faut les laisser seuls... Haut. Je crois que je vais dormir un peu... mes yeux se fer-
ment malgré moi.

CYPRIEN.

Oui... oui... reposez, ma mère... ça vous fera du bien.

CLAIRE.

Attendez, ma marraine que j'arrange votre oreiller, afin que vous soyez
mieux.

Air de la Grand'-Mère, de Mlle Puget

CLAIRE et CYPRIEN.

Chut! pas de bruit... il faut nous taire,
Dormez, dormez, ma bonne mère;
Oui, tâchez de sommeiller,
Nous allons vous veiller.

LA MÈRE LEBLANC.

C'est un besoin de la vieillesse...
Oui, mes enfans, parlez tout bas;
À part   Ils vont causer de leur tendresse,
En croyant que je n'entends pas.

CLAIRE.

Laissons-la, car déjà, je pense,
Elle dort, dans son grand fauteuil,
Écoutant. Ell' se tait...

LA MÈRE LEBLANC.

Oui, je fais silence;
Mais je vois tout du coin de l'œil.

CLAIRE et CYPRIEN.

Chut! pas de bruit... il faut nous taire, etc.

CYPRIEN.

Ma bonne Claire, que je suis donc heureux ainsi !.. auprès de ma mère...
auprès de toi...

CLAIRE.

Heureux, dites-vous... pourquoi donc alors cette tristesse qui vous prend
si souvent ?.. pourquoi avez-vous sans cesse l'air préoccupé... tenez, comme
à présent... dans ce moment même ?..

CYPRIEN.

Moi? tu te trompes, Claire... je ne pense qu'à la joie d'être ici... au bonheur d'être auprès de vous... À part. Ah! qu'elle ne se doute pas...

CLAIRE.

Cyprien... je suis sûre que vous me cachez quelque chose.

CYPRIEN, à part.

Que lui dire?.. (Comme frappé d'une idée. — Haut.) Eh bien! oui, Claire... c'est vrai... je me tourmente... Mais n'est-ce pas naturel?.. ce Bonaventure qui vous aime, il est riche, et moi, je n'ai rien.

CLAIRE.

Comment, c'est pour cela!.. Ah! fi! monsieur, douter de moi... c'est indigne!..

CYPRIEN.

De toi?.. oh! non, Claire... je n'en doute pas... mais ton oncle Fargeau... il sait compter, lui.

CLAIRE.

Ah! c'est à cause de mon oncle Fargeau, à présent?.. voilà comme vous méconnaissez vos amis! mon oncle, qui vous veut tant de bien! lui, qui sera si joyeux de votre retour!.. Mais, tenez, c'est plus fort que moi... il m'avait confié un secret que j'avais promis de bien garder, mais, ma foi, ça m'étouffe, et je veux vous le dire... Apprenez donc que l'argent qu'il doit retirer des bestiaux qu'il est allé vendre, était destiné à vous acheter un remplaçant, et à vous dégager du service!..

CYPRIEN.

Que dis-tu?.. quoi! ton oncle aurait eu cette idée?..

CLAIRE.

Oui, je lui ai dit combien je t'aime... combien je vous aimais... monsieur... et pour assurer notre bonheur à tous, il voulait faire un petit sacrifice.

CYPRIEN, à part.

J'aurais été remplacé... j'aurais été libre!..

CLAIRE.

Maintenant que vous avez obtenu votre congé... il n'y en a plus besoin... mais c'est égal... l'intention y était...

CYPRIEN, accablé.

Mon congé!.. oui... sans doute... ce bon Fargeau... (A part.) Ah! malheureux!.. qu'ai-je fait?..

CLAIRE.

Qu'avez-vous donc, Cyprien?.. voilà votre air qui vous reprend, tenez...

FARGEAU, dans la coulisse.

Bonjour, bonjour, les autres!..

CLAIRE.

C'est la voix de mon oncle... il est de retour... (Eveillant la mère Leblanc.) Ma marraine... ma marraine!..

LA MÈRE LEBLANC.

Qu'est-ce que c'est?.. qu'y a-t-il?

CLAIRE.

Eveillez-vous; voilà mon oncle.

SCÈNE V.

CLAIRE, LA MÈRE LEBLANC, FARGEAU, BONAVENTURE, CYPRIEN.

Air : Délices de l'Italie.

TOUS EN CHŒUR.

Près de ses amis,
En r'venant d'un voyage,
C'est doux au logis,
De se voir réunis.
Lorsque tour à tour
On vous fait bon visage,
Oui, c'est un beau jour
Que celui du retour.

FARGEAU.

Bonjour, bonne mère... j'ai appris que ça allait mieux... très bien!.. Bonjour, Cyprien!.. bonjour, garçon... touche là!.. que le diable m'emporte si en partant, je m'attendais à te trouver à mon retour... mais te v'là... et je ne m'étonne plus si la mère Leblanc est si gaillarde!.. sapresti! nous fêterons ton arrivée!..

CYPRIEN.

Que vous êtes bon, M. Fargeau!

BONAVENTURE, qui a suivi Fargeau pas à pas.

J'aurais à vous parler pour quelque chose de très grave..

FARGEAU.

Bon... plus tard... laisse-moi le temps d'arriver.

LA MÈRE LEBLANC.

Ce cher voisin!.. et votre voyage?..

FARGEAU.

Oh! il s'est parfaitement passé! j'ai vendu mes vaches un très bon prix... plus cher que je n'espérais... C'est étonnant comme les bêtes sont recherchées, à présent...

BONAVENTURE.

J'aurais à vous parler... pour...

FARGEAU, sans le voir.

Aussi, j'ai rapporté une ceinture de cuir bien garnie... et que je compte utiliser en temps et lieu...

CYPRIEN.

M. Fargeau... Claire m'a tout dit, et je sais ce que vous vouliez faire de cet argent!..

FARGEAU.

Tu le sais!.. oh! les femmes! ça passerait par le feu, plutôt que de retenir leur langue!.. Eh bien! mon garçon... c'est vrai... en voyant ta pauvre mère si triste, si malheureuse de ton absence...j'avais résolu de te racheter.

BONAVENTURE, à part.

Quelle idée saugrenue!

CYPRIEN.

Ah! je n'oublierai jamais cet acte de générosité, M. Fargeau!

FARGEAU.

Et pourtant, c'est dommage... car l'uniforme te va! oui, oui... j'étais comme ça, moi...à ton âge... bien ficelé... le bonnet de police sur l'oreille... Ah! t'aurais fait un troupier fini!

LA MÈRE LEBLANC.

Moi, je l'aime mieux avec ses habits d'autrefois.

CLAIRE.

Moi aussi!

BONAVENTURE, à part.

Elle a dit : moi aussi! comme c'est fade! (Haut à Fargeau.) J'aurais à vous parler pour quelque chose de très grave...

FARGEAU, sans l'écouter.

Ah dam! je conçois tout ça... et si l'armée y perd un bon soldat, nous y gagnerons tous un brave garçon... Mais sais-tu bien que je ne comprends pas comment tu as fait pour obtenir aussi facilement ta réforme...de mon temps, ça ne se serait pas arrangé comme ça...

CYPRIEN, embarrassé.

J'ai eu de la chance, c'est vrai!

FARGEAU.

Enfin, tu es en règle, n'est-ce pas?.. suffit! tu me détailleras ça plus tard. Pour l'instant, occupons-nous d'autre chose; de la gaîté, de la joie, morbleu!..J'ai certains projets... Mais, d'abord, vous, mère Leblanc, allez faire un petit bout de toilette... Toi, Cyprien, un coup de brosse... les moustaches cirées, tenue soignée... comme pour une revue du général Bonaparte...

CLAIRE.

Mais, mon oncle...

LA MÈRE LEBLANC.

De quoi s'agit-il donc?

FARGEAU.

Pas de questions... silence dans les rangs; il va y avoir du nouveau... je ne vous dis que ça... dans un moment vous saurez tout... allez, allez... va donc, Cyprien!..

CYPRIEN, à part.

Je tremble de deviner..

TOUS EN CHOEUR.

Air : Délices de l'Italie.

Allons, dépêchons,
Vite, que l'on s'apprête,
Allons, dépêchons,
Ici nous reviendrons.
Allons aussitôt
Faire un peu de toilette,
Nous pourrons bientôt
Apprendre le fin mot !

(La mère Leblanc et Claire sortent par la droite; Cyprien par la gauche.)

SCÈNE VI.
BONAVENTURE, FARGEAU.

BONAVENTURE.

J'aurais à vous parler, M. Fargeau... il s'agit de quelque chose de très grave.

FARGEAU.

Allons, parle donc, animal, puisque tu y tiens tant.

BONAVENTURE.

Comment si j'y tiens !.. j'y tiens comme un mulet; d'abord, l'affaire est fort grave... fort grave...

FARGEAU.

Te dépêcheras-tu... imbécille... je t'écoute...

BONAVENTURE.

Trop aimable, père Fargeau... voilà... Or donc, vous savez qu'au bout de votre pré... tout contre la route de Fribourg... et dans une position superbe... je possède le plus beau moulin à eau qu'on puisse avoir... duquel même que vous avez eu très envie... si bien que vous avez voulu l'acheter... ah !..

FARGEAU.

Où veux-tu en venir ?.. Tu sais bien que nous n'avons pas pu nous arranger... tu me l'a fait le double de ce qu'il vaut ton moulin.

BONAVENTURE.

Oh ! oh ! le double !.. c'est que vous n'avez pas calculé tous les charmes de sa structure coquette et de son rapport... un amour de moulin comme ça, qui a une roue !.. quelle fameuse roue il vous a, le scélérat !

FARGEAU.

Tu as donc encore envie de le vendre ?

BONAVENTURE.

Moi ? pas du tout.

FARGEAU.

Eh bien ! alors, qu'est-ce que tu viens me chanter ?

BONAVENTURE.

Père Fargeau, je ne chante pas... (A part.) Allons, il s'agit de lui porter un grand coup... portons-lui un coup énorme !.. (Haut.) Père Fargeau ! j'ai envie de me marier... de me fourrer dans les liens conjugaux, afin de devenir père de quelques enfans... voilà pourquoi je vous entretiens de mon moulin à eau.

FARGEAU.

Ah ça ! est-ce que tu te moques de moi?

BONAVENTURE.

Point, point, point... Père Fargeau... car l'objet de mon ardeur... n'est autre que votre nièce, Claire, pour laquelle je brûle d'une manière ridicule... Donc, comme vous êtes son tuteur, père Fargeau, et que vous lui servez de famille... ordonnez-lui de s'accoupler avec moi; et si j'obtiens de vous cette jeunesse, je vous offre, comme pot-de-vin, mon moulin à eau !.. ça va-t-il ?

FARGEAU.

Comment, c'est là que t'en voulais venir ?

BONAVENTURE, avec importance.

Il n'est plus temps de feindre... c'est là que j'en voulais venir !..

FARGEAU.

J'en suis fâché, mon garçon, mais c'est encore un marché pour lequel

nous ne pourrons nous entendre... ma nièce Claire n'est pas pour toi ; je lui ai choisi un mari.

BONAVENTURE.

Eh bien ! déchoisissez-le... et rechoisissez-moi...

FARGEAU.

C'est impossible.

BONAVENTURE.

Ça serait impossible ! allons donc... père Fargeau. vous n'êtes pas de sang-froid... vous allez me faire croire que vous avez bu...

FARGEAU.

Eh bien ? dis donc...

BONAVENTURE.

Refuser un parti et un moulin... comme moi ! Mais quel est celui que vous me préférez... c'est donc un prince étranger... ou un homme de loi ? père Fargeau, nommez-le-moi, celui que vous me préférez !

FARGEAU.

Tu vas le voir tout-à-l'heure, mon garçon.

BONAVENTURE.

Ça m'obligera beaucoup de le voir...

SCÈNE VII.

BONAVENTURE, FARGEAU, LA MÈRE LEBLANC, CLAIRE, puis CYPRIEN.

LA MÈRE LEBLANC.

Nous voilà. voisin... et en toilette, comme vous l'avez désiré.

FARGEAU.

Très bien, mère Leblanc... une tenue de dimanche, ça vous rajeunit tout de suite une femme...

CLAIRE.

A présent, mon oncle... vous nous direz...

FARGEAU.

Patience... eh bien ! et Cyprien ?..

CYPRIEN, se plaçant entre Bonaventure et Fargeau.

Présent. mon cher monsieur Fargeau.

BONAVENTURE, à part.

Est-ce que le prince étranger ne serait autre que Cyprien... Ah ! voilà qui me ferait bisquer à en avaler ma langue !   (On entend une ritournelle.)

FARGEAU.

Ah ! enfin... j'entends les amis que j'avais prévenus ; tout le monde est exact. c'est très bien !

SCÈNE VIII.

LES MÊMES. PARENS et AMIS. en habits de fête.

CHOEUR.

AIR : Mire dans mes yeux tes yeux. Mlle PUGET

Venons gaîment mes amis,
C'est pour une fête ;
Nous voilà tous réunis,
Chantons mes amis ;
A rire ici qu'on s'apprête,
Rions, chantons. mes amis ;

FARGEAU, à ses parens.

Oui le bonheur vous rassemble
Ici, selon mes souhaits.

BONAVENTURE. regardant Claire

Quand je la perds il me semble
Qu'elle a trent' fois plus d'attraits ;..

REPRISE DU CHOEUR.

Venons gaîment mes amis, etc.

FARGEAU.

Mes bons amis. je vous ai tous invités à vous rendre chez la bonne mère Leblanc. et cela sans vous laisser deviner le motif de cette invitation... à présent, je dois vous l'apprendre; vous saurez donc, qu'il s'agit de célébrer les accordailles de ma nièce Claire, avec Cyprien Leblanc, ici présent...

LA MÈRE LEBLANC, avec joie.

Comment, voisin!..

CLAIRE.

Mon bon oncle!..

CYPRIEN.

Mon cher Fargeau!.. (A part.) Oh! je ne dois plus hésiter...

BONAVENTURE, à part.

Je rage comme un dindon!

FARGEAU.

Oui, mes amis, il y a long-temps que je vous préparais cette surprise; et maintenant que Cyprien est libre... ce mariage...

CYPRIEN, vivement.

Ce mariage... M. Fargeau... il ne peut avoir lieu... il est impossible!

TOUS.

Impossible!

LA MÈRE LEBLANC.

Cyprien!.. mon fils!..as-tu perdu la tête?

FARGEAU.

Impossible! ah! corbleu!.. qu'est-ce que cela veut dire?

CLAIRE, pleurant.

Refuser ma main... lui!

BONAVENTURE, à part.

Bravo! voilà que je surnage et que l'eau s'en revient au moulin!

CYPRIEN.

Claire! ma mère! oh! ne m'accusez pas... il faut que je parle à M. Fargeau... à lui seul je puis expliquer ma conduite... c'est devant lui seul que je puis me justifier...

FARGEAU.

Mère Leblanc, Claire, en ce cas laissez-nous seuls un moment... et vous aussi, mes amis...

LA MÈRE LEBLANC, à Claire qui pleure.

Viens, ma pauvre enfant... Ah! j'aurais été trop heureuse!..

BONAVENTURE, à part.

La curiosité me talonne...j' vas me cacher dans quequ' trou... le moindre trou mé suffira!..

CHŒUR DE SORTIE.

AIR: Adieu, mon beau navire. (DES DEUX REINES.)

Quel est donc ce mystère?
Le voilà (bis) confondu,
Tous deux que vont-ils faire?
Leur bonheur (bis) est perdu.

(Les parens et amis sortent par le fond. La mère Leblanc et Claire par la droite. Bonaventure se cache derrière une grande armoire.)

SCENE IX.

FARGEAU, CYPRIEN, BONAVENTURE caché.

FARGEAU.

Allons... Cyprien... nous voilà sans témoins...

BONAVENTURE, à part.

Ou à peu près...

FARGEAU.

Tâche un peu d'expliquer ta conduite, ou sinon, car, vois-tu... une pareille insulte en présence de tous nos parens... de tous nos amis... oh! mais parle donc... je t'écoute!

BONAVENTURE, à part.

Et moi aussi, avec deux oreilles énormes.

CYPRIEN.

Monsieur Fargeau... j'aime Claire... je l'aime plus que la vie... autant que ma mère...c'est tout vous dire... mais cet amour. j'aurais dû le lui cacher... Oui, je l'ai senti au moment où vous avez prononcé le mot de mariage, qui, en d'autres temps, aurait fait tout mon bonheur, et qui aujourd'hui ne peut exciter en moi que des regrets et du désespoir!..

FARGEAU.

Que veux-tu dire?

CYPRIEN.

Je ne suis plus digne de l'amour de Claire; je ne puis plus être son époux... Ah! combien cet aveu me coûte... devant vous, surtout, M. Fargeau...devant vous, qui avez servi avec honneur... N'importe, j'aurai le courage de tout vous apprendre!...J'ai dit ici, à tout le monde, à vous que j'avais obtenu mon congé... Eh bien! je mentais à vous, à tout le monde!

FARGEAU.

Que veux-tu dire? tu me fais trembler!

CYPRIEN.

J'ai déserté.

FARGEAU.

Déserté!.. malheureux!.. parle plus bas! si l'on t'entendait!..

(Il va écouter à la porte de la mère Leblanc.)

BONAVENTURE, à part.

Déserté! j'en sais assez!

(Il s'esquive.)

SCÈNE X.

CYPRIEN, FARGEAU.

FARGEAU.

Personne ne peut nous entendre... Cyprien, t'ai-je bien compris?.. toi! toi! déserteur!..

CYPRIEN.

Oui, mais quand vous saurez tout, M. Fargeau... peut-être me conserverez-vous encore quelque estime... Lorsque je tirai au sort, il y a trois mois... vous savez quel fut le désespoir de ma mère... j'étais son seul appui... sa seule consolation... et pourtant, il fallut la quitter... vieille et souffrante...il fallut la laisser là...je tâchai de la consoler de mon mieux, de lui faire oublier le moment de notre séparation...mais j'eus beau faire... le moment du départ arriva; ma mère m'accompagna jusqu'à la sortie du village... là-bas... au petit pont... mon cœur se brisait... je m'éloignai avec mes camarades, je marchai bien vite, sans retourner la tête, de peur que le courage ne me manquât... Arrivé à Châlons, au régiment, je tâchai de me faire au service militaire. Je remplissais exactement mes devoirs... lorsqu'une lettre m'arriva du pays... elle m'apprenait que ma mère était retombée malade... que son état empirait tous les jours... Qu'enfin, elle se mourait!!. Ma mère mourante!.. et je ne pouvais pas l'embrasser une dernière fois... cette idée-là m'accablait... je n'y tenais plus...

FARGEAU.

Mais pourquoi n'avoir pas demandé une permission à tes chefs?

CYPRIEN.

J'en demandai une... on me la refusa... alors ma tête se perdit... c'était comme une fièvre... un matin, je m'élançai hors de la ville...et je me trouvai sur le chemin qui mène au pays... une force surnaturelle me poussait, et bientôt, je fus loin de la ville... un moment, je suspendis ma course.

AIR d'Arwed.

Il me sembla qu'on me criait : arrête :
Ah! malheureux, tu deviens déserteur ;
Je frissonnai des pieds jusqu'à la tête,
Un froid mortel vint me glacer le cœur.
Puis j'entendis deux voix, dans mon délire,
L'une disait : ton devoir, il est là!
L'autre disait : ta vieille mère expire!
Sur mon devoir ma mère l'emporta.

En moins de deux jours j'achevai la route... je revis le clocher du village... notre chaumière... je tombai dans les bras de ma mère... j'avais déserté!

FARGEAU.

Pauvre femme!

CYPRIEN.

Elle crut aisément... comme Claire et tout le village, à ce mot de congé que je prononçai en arrivant... je comptais repartir dès le lendemain, mais

cela me fut impossible... le bonheur de ma mère qui me croyait revenu
pour toujours... sa santé qui ne se rétablissait que grace à ma présence...
je ne me sentis pas la force de lui tout avouer... je restai, tâchant de m'a-
buser, de m'étourdir moi-même sur le danger de ma position !

CYPRIEN.

Imprudent !.. et depuis quand as-tu quitté ton régiment ?

CYPRIEN.

Il y a huit jours, aujourd'hui.

FARGEAU.

Huit jours ! c'est le délai de grace ! le soldat absent, qui rejoint son corps
avant l'expiration de ce délai, en est quitte pour une punition légère...
mais ces huit jours passés, il est déserteur... et alors, le conseil de
guerre... le boulet... une peine infamante !

CYPRIEN.

Qu'ai-je fait !.. mon Dieu !.. qu'ai-je fait !.. il y a trente lieues pour rejoindre mon régiment, et dans deux heures le délai fatal sera expiré... Ah !
pourquoi ne vous ai-je pas revu plutôt... que de chagrins je me serais épar-
gnés !.. et vous vouliez me racheter !.. encore quelques jours et j'étais libre !..

FARGEAU.

Et maintenant, dix remplaçans pour un ne serviraient à rien... n'y
pensons plus, Cyprien, dans ta situation des reproches seraient cruels et
inutiles, tout à la fois... Mais le boulet... l'infamie... songes-y bien, tu se-
ras dégradé !.. dégradé honteusement !..

CYPRIEN.

Ah ! épargnez-moi !

FARGEAU.

La justice militaire est inflexible, et elle ne t'épargnera pas, elle !.. Un
mandat sera bientôt lancé contre toi, et alors tu ne pourras échapper à
ta destinée...

CYPRIEN.

Vous avez raison... Ah ! plutôt que de traîner le boulet des déserteurs...
ces armes... oui... ce sont celles de mon père...   (Il va pour les prendre.)

FARGEAU, l'arrêtant.

Je t'entends... mais ta mère, malheureux, ta mère !

CYPRIEN.

Pardon... pardon ! le désespoir m'égarait.

FARGEAU, réfléchissant.

Il n'est pas d'autre moyen... oui, c'est cela... une prompte fuite...la frontière de Suisse n'est pas éloignée. . en quelques heures... avec un bon
cheval... par les sentiers des montagnes... tu pourras l'atteindre... il faut
partir, et sur-le-champ... tu mettras une blouse... tu prendras mon passe-
port... cet argent que je destinais à te racheter du service, il servira à te
faire vivre dans ton exil...en attendant que tu trouves à employer tes deux
bras... j'ai un ancien camarade auprès de Fribourg, je te recommanderai
à lui... je vais chercher cet argent.

CYPRIEN.

M. Fargeau !.. que de reconnaissance !..

FARGEAU.

Pas de phrases... et tiens-toi prêt à partir.

AIR : Que j'étais fou , quand j'espérais (CATHERINE.)

ENSEMBLE.

FARGEAU.	CYPRIEN.
Oui , tout l'ordonne, tu le vois,	Oui , tout m'ordonne, je le vois,
Obéis à ma voix.	De suivre votre voix.
Au destin qui t'attend ,	Au destin qui m'attend,
Il faut te soustraire à l'instant ;	Il faut me soustraire à l'instant ;
Car bientôt l'on découvrirait	Car bientôt l'on découvrirait
Ce funeste secret.	Ce funeste secret.
Allons, il faut partir ;	Allons, il faut partir ;
Il ne te reste plus qu'à fuir.	Il ne me reste plus qu'à fuir.

Fargeau sort vivement.

SCENE XI.

CYPRIEN, puis CLAIRE.

CYPRIEN.

Partir!.. oui... il le faut... et cette fois c'est pour fuir comme un crimi-
nel... Ah! tâchons du moins de quitter ces lieux sans être vu de personne...
car je sens que mon trouble me trahirait!.. (Apercevant Claire.) Claire!..

CLAIRE.

Vous m'évitez, M. Cyprien... Oh! allez, ce n'est pas vous que je venais
chercher ici... bien certainement... je venais pour retrouver mon oncle...
voilà tout...

CYPRIEN.

Claire! ne me parlez pas ainsi... ce ton... cette froideur me feraient trop
souffrir.

CLAIRE.

Et croyez-vous ne m'avoir pas fait souffrir aussi, vous, M. Cyprien?.. me
faire un affront aussi grand, devant tout le monde?.. que va-t-on penser?
vous pouviez bien me dire ça ce matin... au lieu de me parler de votre
amour!.. vous me trompiez!.. Ah! c'est indigne!.. mais, à défaut de vous,
un autre m'aime déjà... Eh bien! je l'épouserai... et je serai heureuse avec
lui... oui, monsieur, très heureuse... et je m'en réjouis d'avance... (Pleurant.) Mon Dieu!.. mon Dieu!.. je n'aurais jamais cru ça de votre part!..

CYPRIEN.

Claire!.. ma bonne Claire!.. si tu savais!..

CLAIRE.

Je ne veux rien savoir, monsieur... peu m'importent vos raisons... car
enfin, quelles peuvent être vos raisons?.. voyons, que pourriez-vous dire
pour vous défendre?.. mais défendez-vous donc.

CYPRIEN.

Plus tard, tu sauras tout, et tu verras que je ne fus pas coupable envers
toi... Claire, il faut me plaindre, et non me haïr... il faut me plaindre, car
je dois m'éloigner, partir à l'instant...

CLAIRE.

Vous éloigner!.. nous abandonner encore!..

CYPRIEN.

Et malgré tes reproches, malgré le chagrin que je te cause, Claire, j'o-
serai assez compter sur toi, pour te recommander ma pauvre mère... et
pour te prier d'être encore une fois sa consolation...

CLAIRE.

Mais ce départ... quelle en peut être la cause? Cyprien, où allez-vous?..

CYPRIEN.

Ne m'interroge pas... ne me retiens pas plus long-temps, car, vois-tu...
il n'y va pas seulement de la vie... il y va de l'honneur... mais silence!..
on vient... Adieu, Claire! quoiqu'il arrive... je t'aimerai toujours!..

(Il sort précipitamment par la gauche.)

SCENE XII.

CLAIRE, puis BONAVENTURE.

CLAIRE, d'abord seule.

Que veut-t-il dire?.. mon Dieu!.. je tremble!..

BONAVENTURE, entrant vivement.

C'est moi! c'est moi!

CLAIRE, avec dépit.

M. Bonaventure!.. que voulez-vous? que demandez-vous?

BONAVENTURE.

Pardon, excuse... mais je venais dire deux mots à Cyprien... et comme
il n'y est pas, et que vous voilà, je suis bien aise de vous faire à savoir
qu'à défaut de lui, vous ne manquerez pas d'amateurs pour vous épouser,
Mlle Claire... et que je suis toujours là... moi, et mon délicieux moulin...
à eau... tant pis pour les absens!

CLAIRE.

Pour les absens!.. comment savez-vous?..

BONAVENTURE, d'un air malin.

Moi!.. Oh! mon Dieu, je ne sais rien de rien... j'en ignore de tout!.. Di-

tes donc, il avait donc un beau petit congé dans un rouleau de fer-blanc,
quand il est revenu, Cyprien ?

CLAIRE.

Pourquoi me demandez-vous ça... vous n'ignorez pas...

BONAVENTURE.

Moi... je n'ai aucune idée de ça... c'est Jean Labriche, qui me disait tout
à l'heure : «C'est drôle... Cyprien n'en avait pas de rouleau de fer-blanc...
oùsqu'on met son congé dedans...—Ah! que je répondais... c'est drôle !..»
et voilà ce que nous nous sommes dit...

CLAIRE.

Eh bien! qu'est-ce que tout cela prouve ?

BONAVENTURE.

C'est que... il y en a d'aucuns... quéqu'fois, comme ça... qui n'attendent
pas leux congés... y s' disent... on ne veut pas... Ah bah !.. tant pire !..

CLAIRE, effrayée.

Mon Dieu! que voulez-vous dire?.. au nom du ciel, expliquez-vous ?

BONAVENTURE.

On en a vu qui, après s'être dit ça... jouaient des quilles et décam-
paient... histoire de déserter un tant soit peu... pour voir !

CLAIRE.

Qui désertaient !.. et votre air triomphant !.. et la fuite de Cyprien... Ah !
je devine tout, à présent !.. Mon Dieu! mon Dieu !.. un pareil malheur !..
et sa mère !.. si elle savait !..

BONAVENTURE.

Allons, allons, mamzelle... faut pas tant s'ébouriffer !.. ça ne fera pas le
moindre tort à son individu... il s'en retournera vivement à son corps pour
desservir la patrie... on lui dira t'as évu tort, et ça sera fini... mais. moi...
je resterai, ô Claire... je resterai, moi !

SCENE XIII.

BONAVENTURE, FARGEAU, CLAIRE.

FARGEAU, arrivant tout effaré.

Cyprien !.. où est Cyprien ?..

CLAIRE.

Mon oncle... qu'avez-vous ?..

FARGEAU.

Où est Cyprien ?.. me répondras-tu ?

CLAIRE.

Là... dans sa chambre... mon Dieu !.. c'est donc vrai qu'il a déserté ?..

FARGEAU.

Oui ; mais il est encore digne de notre amitié... car c'est pour revoir sa
mère malade, que le malheureux a quitté son drapeau... il m'avait tout
confié... il allait partir... gagner la frontière... et je ne sais comment... le
bruit s'est tout à coup répandu que Cyprien était un déserteur... déjà les
gendarmes sont sur pied, et bientôt, sans doute, ils se dirigeront de ce
côté pour l'arrêter !..

CLAIRE.

L'arrêter !

BONAVENTURE.

Mais qu'est-ce qu'on peut donc lui faire ?

FARGEAU.

Eh! parbleu !.. il s'agit du conseil de guerre... des fers. d'une condamnation infamante !

BONAVENTURE.

Qu'est-ce que vous dites là !.. et c'est moi !.. moi !..

FARGEAU.

Comment, toi ?..

BONAVENTURE.

Ah! je suis un infâme! un coquin! un gueux !.. v'là ce que je suis... je
me battrais! je me souffleterais. je me traînerais dans la boue !.. et si je
le pouvais. je me cracherais au visage !

FARGEAU.

T'expliqueras-tu. enfin ?..

BONAVENTURE.

C'est moi qu'a tout fait... c'est moi qu'a jasé... je savais tout et j'ai jabotté comme un pendard que je suis... je ne voulais qu'avoir la place nette, par rapport à mon amour pour Claire... et je ne prévoyais pas les conséquences de ma satanée conduite !

FARGEAU.

Misérable !.. (Appelant.) Cyprien !.. Cyprien !..

CLAIRE.

Oh! je cours le prévenir...

                    (Elle entre un moment à gauche, et en sort avec Cyprien.)

BONAVENTURE.

Assommez-moi... vous me rendrez service... Pour réparer ma faute, je suis capable de tout... et d'abord je vous offre mon moulin à eau, pour cacher Cyprien... je le fourrerai dans un sac à farine... O mon moulin, cache-le, cache-le, ô mon joli moulin!

SCÈNE XIV.

LES MÊMES, CYPRIEN, tenant une blouse, CLAIRE.

CYPRIEN.

Me voici !...

FARGEAU.

Cyprien !.. tout est découvert... tu as à peine le temps de fuir !..

CYPRIEN.

Découvert !.. poursuivi !.. Qui donc a pu savoir...

BONAVENTURE.

C'est moi que j'en suis la cause, Cyprien! méprisez-moi comme un misérable ver de terre... mais ne m'ôtez pas votre estime... j'ignorais les conséquences de la chose.

CYPRIEN.

Toi! C'est toi !..

BONAVENTURE.

Oui, mais je veux vous sauver... ou me précipiter sous la roue de mon moulin...

CLAIRE.

Ne perdons pas de temps... Cyprien... fuyez...   (Fausse sortie.)

FARGEAU, qui regardait au dehors.

Arrêtez... la maison est cernée... les gendarmes !..

CYPRIEN.

Les gendarmes !.. (Regardant au dehors.) Oui... les voilà !.. Ciel !.. ma mère !..

SCÈNE XV.

LES MÊMES, LA MÈRE LEBLANC.

LA MÈRE LEBLANC.

Cyprien... mes amis!.. pourquoi tout ce bruit ?.. que se passe-t-il donc?..

CYPRIEN.

Ma mère... ma bonne mère!.. que je vous embrasse une dernière fois... (Il l'embrasse.) et maintenant... (A part.) courons me livrer moi-même avant qu'on ne pénètre jusqu'ici !

LA MÈRE LEBLANC.

Mon fils... mon enfant, où vas-tu donc?..

FARGEAU.

Allons, mère Leblanc... il s'agit d'avoir de la fermeté... du courage...

LA MÈRE LEBLANC.

Mais expliquez-vous donc... vous me faites mourir.

FARGEAU.

Eh bien !.. apprenez que Cyprien... pour vous revoir...

Ici on entend au dehors une musique militaire, des tambours, des fanfares. Mouvement général d'étonnement. La musique se fait entendre pendant une partie de la scène.

CLAIRE.

Quel est ce bruit ?..

BONAVENTURE, courant à la fenêtre.

C'est un régiment!

CYPRIEN.

Un régiment... ici!

FARGEAU, qui a été à la fenêtre.

En effet... mais que vois-je!.. Grand Dieu!.. Cyprien! ton régiment...quel est-il?

CYPRIEN.

Les fusiliers de la jeune garde... vous le savez...

FARGEAU l'entraîne vers la fenêtre.

Regarde!.. Regarde!..

CYPRIEN.

Mon régiment!.. mes camarades!.. arrêté devant eux!.. quelle honte!

LA MÈRE LEBLANC.

Arrêté!..

CYPRIEN.

Oui, ma mère... oui, je suis déshonoré! je suis perdu!..

FARGEAU.

Au contraire, tu es sauvé!

TOUS.

Sauvé!

FARGEAU.

Oui, oui, sauvé!.. Le délai accordé pour rejoindre ton drapeau expire aujourd'hui... dans une heure... eh bien! ton drapeau, le voilà!... tu peux le rejoindre à l'instant... tu n'es plus déserteur!..

CYPRIEN.

Est-il possible?.. Oui, oui... je m'en souviens, le régiment devait entrer en campagne.

FARGEAU.

Et le ciel a voulu qu'il passât par ici!

LA MÈRE LEBLANC.

Déserteur! et c'était pour moi!..

CYPRIEN.

Oui, ma mère; mais à présent... plus de crainte... plus de condamnation!

Air de la Traite des Noirs *.

Oui, ce sont eux, mes frères d'armes!
Les voilà!.. bienheureux destin!
Je puis encor presser leur main.
Plus de déshonneur, plus de larmes!
Merci, mon Dieu, de ce bonheur!
O mon drapeau, je te salue!
Sans honte je m'offre à ta vue,
Car je ne suis plus déserteur!
Oui je puis supporter sa vue,
Car je ne suis plus déserteur!

(Après le couplet, la musique du régiment se fait de nouveau entendre.)

FARGEAU.

Bien, Cyprien!.. Tiens, prends ce sabre... cette giberne... ce fusil!.. (Il lui passe vivement le sabre et la giberne, et lui met le fusil dans la main.) et cette campagne... eh bien! tu la feras, pour qu'on ne puisse pas te dire un jour, en te montrant au doigt : Il a déserté la veille d'une bataille.

CYPRIEN, lui serrant la main.

Oui, Fargeau... vous avez raison!..

LA MÈRE LEBLANC.

Aller se battre! mon fils!..

FARGEAU.

Eh! corbleu! mère Leblanc, il n'y a pas de coups de canon pour tout le monde... quant à ma nièce... elle l'attendra... n'est-ce pas Claire?

CLAIRE.

Oui, mon oncle, mais que ce soit le moins long-temps possible!

* Dans les provinces où l'orchestre n'est pas assez nombreux pour se dédoubler, on prend ce couplet, pour ne pas manquer l'arrivée du régiment.

BONAVENTURE.

Partez, Cyprien... partez en toute sécurité, je promets, foi de Bonaventure, de renoncer à séduire mamzelle Claire... moi, mon physique et mon moulin à eau.

FARGEAU.

Allons, sous les armes !

CYPRIEN.

Ma mère ! Claire ! M. Fargeau ! au revoir !.. à bientôt... au revoir.!.. Il embrasse sa mère, donne une poignée de main à Fargeau. La musique se rapproche. Cyprien fait un dernier adieu à ses amis, et toutes les personnes se groupent vers la fenêtre, en lui faisant des signes d'adieu.

FIN.